TODO
COMIENZA ^{CON}
^{LA}ORACIÓN

Meditaciones de la Madre Teresa
sobre la vida espiritual para personas
de todos los credos

Seleccionados y ordenados
por Anthony Stern, M.D.

Con prólogo de
Larry Dossey, M.D.

Grupo Editorial Tomo, S. A. de C. V.,
Nicolás San Juan 1043,
03100, México, D. F.

1a. edición, febrero 2012.
2a. edición, diciembre 2012.

Everything Starts from Prayer
© 2009 by Anthony Stern
White Cloud Press
PO Box 3400
Ashland, Oregon 97520
www.whitecloudpress.com

© 2012, Grupo Editorial Tomo, S.A. de C.V.
Nicolás San Juan 1043, Col. Del Valle
03100 México, D.F.
Tels. 5575-6615, 5575-8701 y 5575-0186
Fax. 5575-6695
http://www.grupotomo.com.mx
ISBN-13: 978-607-415-364-4
Miembro de la Cámara Nacional
de la Industria Editorial No 2961

Traducción: Alma Alexandra García
Formación tipográfica: Rocío Solís
Diseño de portada: Rocío Solís
Supervisor de producción: Leonardo Figueroa

Este libro se publicó conforme al contrato establecido entre
White Cloud Press, Yorwerth Associates Llc.
y *Grupo Editorial Tomo, S.A. de C.V.*

Impreso en México - *Printed in Mexico*

ÍNDICE

PRÓLOGO

LA ORACIÓN ES UNA DE LAS ACTIVIDADES MÁS ESENCIALES de la vida humana. A lo largo de la historia ha alimentado nuestras más grandes visiones y ha dado significado y propósito a nuestras actividades. Es imposible imaginar la evolución de cualquier cultura sin la oración. La oración es universal; no conocemos sociedad alguna en la que no se practique.

La oración tiene muchos rostros. Existen oraciones de petición, intercesión, gratitud y adoración. Pero hay un hilo común a toda la oración. Sea cual sea la forma que adquiera, *la oración es un puente hacia el Absoluto*, una forma de conectarnos con algo más elevado, más sabio y más poderoso que el individuo mismo.

Muchas personas creen que la oración ha pasado de moda en nuestra era moderna y científica; que la oración y la ciencia son incompatibles, y que la oración pertenece a la categoría de la superstición y la fantasía. Una de las grandes ironías de la época moderna, sin embargo, es que los defensores de la oración y los defensores de la ciencia participan en un diálogo nuevo y sorprendente. Esto ocurre de tres formas distintas.

Primero, hoy en día un alto porcentaje de los científicos cree en un Ser Supremo que responde a la oración. Esto puede resultar impactante para las personas a las que se les ha enseñado que los auténticos científicos no pueden creer al mismo tiempo en lo Absoluto y hacer buena ciencia. No obstante, en 1997 los investigadores sondearon a biólogos, físicos y matemáticos norteamericanos con respecto a sus creencias religiosas.[1] Descubrieron que 39% cree en Dios: específicamente, cree en la clase de Dios que responde la oración. El porcentaje más elevado de creyentes se encontró entre los matemáticos, quienes practican lo que muchos consideran la clase más pura de ciencia que existe. Así, vemos que la visión frecuente de que la ciencia es atea, que los ateos son los mejores científicos, y que la oración y la ciencia no pueden coexistir, son simplemente estereotipos que han de ser desafiados.

Segundo, los científicos médicos que estudian los efectos de la oración han descubierto evidencia convincente de los beneficios de la oración, la meditación y la relajación en las personas que rezan.[2] Parece que al cuerpo le gusta la oración y responde en formas saludables en los sistemas cardiovascular, inmunológico y otros más. Pero todavía más interesantes son los estudios que muestran que la oración intercesora o a distancia también tiene un efecto, aún cuando la persona por la que se ora no esté consciente de la oración que se ofrece en su beneficio y se encuentre a gran distancia del individuo que reza. Estos estudios son numerosos, han sido duplicados por muchos científicos y han involucrado no sólo seres humanos sino también otros seres vivos como receptores de la oración. Este último punto

---

1 E. J. Larson, "Scientists are still keeping the faith", Nature (3 de abril de 1997): 345.

2 Larry Dossey, Healing Words: The Power of Prayer and the Practice of Medicine (San Francisco: HarperSanFrancisco, 1993).

es importante: Si los efectos de la oración se extienden a animales y plantas, no pueden ser adjudicados únicamente al pensamiento positivo o a la respuesta placebo.

El tercer descubrimiento importante que anuncia una síntesis de la ciencia y la oración es el surgimiento reciente de las teorías científicas sobre la naturaleza de la conciencia.[3] En general, estas opiniones van más allá de la antigua idea de que los efectos sobre la mente se circunscriben al cerebro y cuerpo de la persona. Estas nuevas teorías permiten que la conciencia actúe fuera del cuerpo físico, quizá a través de la oración intercesora. A la luz de estas nuevas formas de pensar acerca de la conciencia, ya no parece extravagante sugerir que la oración pueda actuar a distancia para producir cambios reales en el mundo.

En estudios sobre la oración intercesora, los investigadores no han encontrado ninguna correlación entre la afiliación religiosa de la persona que reza y los efectos de la oración. Esto afirma la visión de que la oración es universal, que no pertenece sólo a una religión específica, sino a toda la raza humana. Estos hallazgos aprueban la importancia de la tolerancia religiosa, pidiéndonos que honremos las oraciones y visión espiritual de otras tradiciones religiosas, sin importar cuán radicalmente difieran de la nuestra.

Aunque la religión personal no guarda correlación con los efectos de la oración en los estudios experimentales, existe una cualidad que marca una gran diferencia. Es un factor que suena anticuado: *el amor*. Sin el amor, los experimentos sobre la oración tampoco funcionan; de

---

3 Larry Dossey, "Emerging Theories" en Be Careful What You Pray For (San Francisco: HarperSanFrancisco, 1997): 190-92.

hecho, con frecuencia fracasan. Como médico, este descubrimiento me intriga, porque los sanadores a lo largo de la historia han proclamado de manera uniforme la importancia de la compasión, el cuidado y la empatía hacia el paciente. Los mejores doctores que conozco honran el poder del amor y el cuidado en la curación. Ellos creen que aunque la penicilina es potente, la penicilina combinada con el amor es más potente aún.

Es en estos puntos en particular —el papel de la tolerancia religiosa y el lugar del amor y la compasión en la oración— donde me siento especialmente conectado con la labor y escritos de la Madre Teresa. Como Tony Stern señala en su introducción a este volumen, la Madre Teresa afirmó: "Siempre he dicho que deberíamos ayudar a un hindú a ser un mejor hindú, a un musulmán a ser un mejor musulmán, a un católico a ser un mejor católico."

Se cuenta una historia acerca de la Madre Teresa que atestigua su tolerancia; un relato que siempre me ha gustado mucho, aunque puede ser apócrifo. Un joven reportero excesivamente desenvuelto le preguntó en una ocasión: "¿Es usted una santa?" Sin dudar, ella golpeteó al joven muchacho en el pecho con el nudillo de un dedo y le dijo: "Sí, ¡y tú también lo eres!"

La Madre Teresa indudablemente insistía en que la oración no necesita que la ciencia la valide, y yo estaría de acuerdo. Las personas ponen a prueba la oración en su vida todos los días, y la vida es el laboratorio experimental más importante de todos. Pero, como la ciencia es uno de los factores más poderosos que guían la vida moderna, sería tonto despreciar lo que la ciencia tiene que decir acerca de la oración, particularmente puesto que muchos de sus comentarios son positivos.

Una de las tendencias más notables en la medicina moderna es el regreso a la oración.[4] Hace tres años, sólo tres escuelas de medicina en los Estados Unidos tenían cursos donde se exploraba el papel de la religión y la práctica espiritual en la salud; actualmente, ya los hay en casi treinta.[5] Investigadores de primer nivel están examinando en diversas escuelas de medicina, hospitales e instituciones de investigación los efectos de la oración en la curación. Son cada vez más comunes las conferencias nacionales que relacionan la espiritualidad y el cuidado de la salud.

En alguna parte, la Madre Teresa debe estar sonriendo.

Larry Dossey, M.D.

Larry Dossey, M.D. es Editor Ejecutivo de Terapias Alternativas y autor de *Healing Words, Prayer is a Good Medicine*, y *Be Careful What You Pray For*.

---

4   Larry Dossey, "*The return of Prayer*", *Alternative Therapies* 3:6 (1997): 10SS.

5   Jeffrey S. Levin, David B. Larson, Christina M. Puchalski, "*Religion and spirituality in medicine: research and education*", *Journal of the American Medical Association* 278 (1997): 792-93

INTRODUCCIÓN

LA MUJER A LA QUE TODOS CONOCIMOS COMO MADRE
Teresa fue fervientemente católica y profundamente devota a Jesús. Expresó su incesante devoción de muchas
maneras, principalmente a través de su bien conocido
trabajo con los pobres y los enfermos. Expresiones menos conocidas incluían un profundo respeto por todas
las religiones y un deseo ardiente de que todas las personas se acercaran a Dios. Fue por su gran anhelo de
tocar a tantas almas como le fuera posible que escribió:
"Siempre he dicho que deberíamos ayudar a un hindú
a ser un mejor hindú, a un musulmán a ser un mejor
musulmán, a un católico a ser un mejor católico." Y por
su reconocimiento práctico de lo que funciona, declaró:
"Todo comienza con la oración".

Es siguiendo este espíritu por el cual ofrezco la siguiente colección de frases de la Madre Teresa. Las seleccioné y ordené a partir de muchos de sus escritos
anteriores con el fin de que tanto las personas que no
cuentan con un sendero claramente marcado como quienes siguen distintos caminos internos pudieran conocerlas ampliamente. Intenté extraer perlas de inspiración
que permitieran el acceso universal a una vida de oración. Y destaqué una gran cantidad de reflexiones de la
Madre Teresa sobre este tópico de la oración.

Aunque la propia Madre Teresa no asumió enteramente un enfoque totalmente universal, la dirección básica que tomó resultó evidente cuando pidió a una persona adinerada que construyera una mezquita en Yemen, alegando que las hermanas y hermanos musulmanes necesitaban un lugar donde encontrarse con Dios.

Es la misma dirección que tomó con uno de sus amigos y biógrafos, Navin Chawla. Sabía que él era un hindú no practicante, casi ateo; sin embargo, jamás cuestionó sus creencias o su religión. Pero lo que sí hizo repetidamente, y algunos podrían decir, incesantemente, fue presionarlo un poco con la misma pregunta: "¿Ya comenzaste a orar?"

Pensemos también en uno de los proyectos más cercanos al corazón de la Madre Teresa: sus Hogares para moribundos, donde toda persona recibe los últimos ritos de su propia tradición religiosa. Alguien llegó a escuchar que murmuró a uno de los enfermos terminales: "Tú di una oración en tu religión, y yo diré una oración como la conozco. Juntos diremos esta oración y será algo hermoso para Dios." A principios de los ochentas, 17 000 personas habían muerto en estos Hogares. Al ver la paz y la belleza de su fallecimiento, ella estaba segura que todas estas almas, independientemente de su credo, o secta a la que pertenecían, habían ido directamente al cielo.

Para la Madre Teresa la oración era el camino universal que lleva a Dios. Su propio consejero espiritual y biógrafo Edward Le Joly enfatizó este punto, haciendo la observación de que cuando un periodista se le acercó en un aeropuerto diciéndole: "¿Tiene algún mensaje para el pueblo norteamericano?", la Madre Teresa no dijo "den más", ni siquiera "ámense los unos a los otros". En vez de ello respondió sin dudar: "Sí, que deberían orar más."

Así pues, seamos claros. El libro que tienes entre tus manos en este momento da la misma respuesta por parte de la misma gran líder espiritual y maestra, sólo que en una forma extendida. En lugar de aquella respuesta sucinta en medio del ajetreo de un aeropuerto, tienes una serie de meditaciones que puedes saborear lentamente en tu casa. Se trata de una versión más completa y desarrollada de ese mismo consejo básico, esa misma petición básica: "Ora más."

Todo comienza con la oración se relaciona de manera más directa con la oración personal y privada que con el ritual y la oración comunitarias. Esto encaja, porque todo depende de tu propio comienzo. Orar en lo individual no sustituye el alimento espiritual, la experiencia de compartir y la guía de la práctica y el servicio comunitarios. Sin embargo, necesitamos comenzar por nuestra propia cuenta, una y otra vez, cavando en nuestro propio terreno, haciendo espacio para la gracia que siempre está a nuestra disposición. Nuestras oraciones de rutina y las oraciones que hacemos juntos pueden tener un gran significado como un cúmulo de energías devocionales sólo cuando están infundidas con el fuego de las almas individuales: la energía dulce y profunda que nuestra propia alma libera cuando ha capturado el fuego.

Cuando Dorothy Hunt estaba ponderando una idea que finalmente se convirtió en la hermosa colección de la Madre Teresa *Love: A Fruit Always in Season*, le pidió permiso para emprender la tarea. La contestación de la Madre Teresa: "Haz de ella una oración". Haz del trabajo mismo una oración. Mi única sugerencia para la lectura de este libro es un eco de la suya: Haz de él una oración. Entre más seria y abiertamente te acerques a él, más penetrarán las palabras. Entre más pongas todo tu ser en leerlo con simplicidad y receptividad pausada, los pensamientos y sentimientos detrás de las palabras tocarán algo más en lo profundo de ti. Y entre más te conectes con tu propio deseo de estar en la presencia de lo Eterno mientras lees, es más probable que el santo significado detrás de las palabras encienda algo real en ti.

En su maravilloso libro *Un camino sencillo* (*A Simple Path*), la Madre Teresa incluyó lecturas del libro de oraciones de su Orden sugiriendo que los lectores reemplazaran el nombre de "Jesús" con el de "Dios" en sus oraciones, si no eran cristianos. De la misma forma aquí, siéntete libre de reemplazar la palabra "Dios" con cualquier palabra que te funcione mejor para referirte a un poder superior en tu vida. Lo mismo se aplicaría a la referencia que hace la Madre Teresa de Dios como "Él" y a otras palabras tradicionales de género masculino. Por favor, sustituye las palabras que consideres aceptables si éstas te resultan molestas de alguna manera.

Con frecuencia la Madre Teresa habló de cuánto confiaba en el poder de la oración para conectarse con Dios. Veinticuatro horas al día, solía decir. Y para añadir énfasis, algunas veces agregaba que, si el día fuera más largo, ese mismo tiempo ella necesitaría la fuerza de Dios a través de la oración.

Así pues, ¿qué buscador espiritual no ha dependido de la oración? ¿Y qué corazón no ha clamado y no ha sido mejor por haberlo hecho?

Anthony Stern, M.D.

I
LA NECESIDAD DE ORAR

Todo comienza con la oración. si no pedimos amor a Dios, no podemos poseer el amor y mucho menos podemos darlo a otros. Así como hoy en día las personas hablan mucho acerca de los pobres, pero no conocen a los pobres, no podemos hablar mucho de la oración y, sin embargo, no saber cómo orar.

PUEDES ESTAR EXHAUSTO POR TANTO trabajo; puedes incluso matarte trabajando, pero a menos que tu trabajo esté entretejido con el amor, no sirve de nada. Trabajar sin amor es esclavitud.

EN TODO EL MUNDO LAS PERSONAS
pueden tener una apariencia diferente,
o una religión, educación o posición
distinta, pero todas son iguales. Son
personas que han de ser amadas. Todas
tienen hambre de amor.

EN LA MAYORÍA DE LAS HABITACIONES modernas ves una luz eléctrica que puede encenderse por medio de un interruptor. Sin embargo, si no hay conexión con la planta generadora de energía, no puede haber luz. La fe y la oración son la conexión con Dios, y cuando están presentes, hay servicio.

DEBEMOS TENER ANTES DE PODER DAR.
Aquél que tiene la misión de dar
a otros, primero debe crecer en el
conocimiento de Dios. Debe estar lleno de
ese conocimiento.

PARA PODER DAR, DEBES TENER.

EL AMOR, PARA QUE SEA VERDADERO, DEBE comenzar con Dios en la oración. Si oramos podremos amar, y si amamos, podremos servir.

SEA CUAL SEA LA RELIGIÓN QUE profesemos, debemos orar juntos. Los niños necesitan aprender a orar y que sus padres oren con ellos.

Es fácil amar a las personas que están lejos. No siempre es fácil amar a quienes están cerca de nosotros. Es más fácil dar una taza de arroz para aliviar el hambre que aliviar la soledad y el dolor de alguien que no se siente amado en nuestra propia casa. Lleva amor a tu hogar, pues ahí es donde debe comenzar nuestro amor por los demás.

EN UNA DE LAS CASAS QUE NUESTRAS hermanas visitaron, una mujer había estado muerta durante mucho tiempo antes de que alguien se diera cuenta de ello, y se supo sólo porque su cadáver había comenzado a descomponerse. Sus vecinos ni siquiera sabían su nombre.

EXISTE DEMASIADO SUFRIMIENTO EN EL mundo, demasiado. Y este sufrimiento material sufre de hambre, sufre de no tener un hogar, sufre de toda clase de enfermedades, pero sigo pensando que el mayor sufrimiento consiste en estar solo, en no sentirse amado, en no tener a nadie.

EXISTEN DIFERENTES TIPOS DE POBREZA.
En la India algunas personas viven y
mueren en la hambruna.

Sin embargo, en occidente ustedes tienen
otra clase de pobreza: la pobreza espiritual.
Esto es mucho peor. Las personas no creen
en Dios, no oran. No se cuidan unas a
otras. Tienen la pobreza de la gente que
está insatisfecha con lo que tiene, que
no sabe cómo sufrir, que se entrega a la
desesperación. Esta pobreza del corazón
con frecuencia es más difícil de superar
y vencer.

RECUERDO QUE HACE ALGÚN TIEMPO visité un hogar maravilloso para personas de edad avanzada. Había como cuarenta y tenían todo, pero todas miraban a la puerta. No había una sonrisa en su rostro, y pregunté a la hermana a cargo de ellos: "Hermana, ¿por qué estas personas no sonríen? ¿Por qué están mirando a la puerta?" Y ella, con gran cortesía, tuvo que responder y decir la verdad: "es lo mismo todos los días. Anhelan que alguien venga y los visite." Esto es una gran pobreza.

CUANDO LAS COSAS SE VUELVEN nuestros maestros, somos muy pobres.

Tú y yo hemos sido creados para cosas más grandes. No hemos sido creados sólo para pasar por esta vida sin ningún propósito. Y esa meta más grande consiste en amar y ser amados.

ALGUNOS LO LLAMAN ISHWAR, OTROS LO
llaman Alá; otros, simplemente Dios,
pero todos debemos reconocer que es Él
quien nos hizo para cosas más grandes;
para amar y ser amados. Lo que importa
es que amemos. No podemos amar sin la
oración, así que sea cual sea la religión que
profesemos, debemos orar juntos.

ENCONTRARÁS CALCUTA EN TODAS PARTES del mundo si abres bien los ojos. Las calles de Calcuta llevan a la puerta de todas las casas. Sé que quizá quieres hacer un viaje a Calcuta, pero es fácil amar a las personas que están en un lugar lejano. No siempre es fácil amar a quienes viven con nosotros. ¿Qué hay de aquellos que nos desagradan o a los que vemos por encima del hombro?

ES FÁCIL SER ORGULLOSO Y DURO Y egoísta. Muy fácil. Pero hemos sido creados para cosas más grandes.

DE VEZ EN CUANDO DEBERÍAMOS hacernos diversas preguntas para guiar nuestras acciones. Deberíamos hacer preguntas como: ¿Conozco a los pobres? ¿Conozco, en primer lugar, a los pobres de mi familia, aquellos que están más cerca de mí: personas que son pobres, pero no porque les falte el pan?

Existen otras clases de pobreza, igualmente dolorosas porque son más intrínsecas.

Quizá lo que a mi esposo le falta, o a mi esposa le falta, lo que a mis hijos les falta, lo que a mis padres les falta, no es ropa o comida. Tal vez les falta amor, ¡porque yo no se lo doy!

¿DÓNDE COMIENZA EL AMOR?
En nuestra propia casa.
¿Cuándo comienza?
Cuando oramos juntos.

TENEMOS QUE ALIMENTARNOS A
nosotros mismos. Podemos morir de
hambruna espiritual. Debemos llenarnos
continuamente, como una máquina.
Cuando una sola pieza en la máquina
no funciona, entonces la máquina en su
conjunto no funciona apropiadamente.

ME PREGUNTAN QUÉ DEBE UNO HACER para asegurarse de estar siguiendo el camino a la salvación. Yo respondo: "ama a Dios. Y por encima de todo, ora."

2

COMIENZA CON EL SILENCIO

E s muy difícil orar cuando no se sabe cómo hacerlo. Debemos ayudarnos a aprender. Lo más importante es el silencio.

N ecesitamos encontrar a Dios y a Dios no se le puede encontrar en el ruido y la agitación.

No PODEMOS COLOCARNOS
directamente en la presencia de
Dios sin imponernos el silencio interior
y exterior.

Por eso debemos acostumbrarnos a la
tranquilidad del alma, de los ojos, de
la lengua.

La ORACIÓN NO TIENE VIDA SIN EL silencio.

Todo COMIENZA CON LA ORACIÓN QUE nace del silencio de nuestro corazón.

SI REALMENTE QUEREMOS ORAR, DEBEMOS
primero aprender a escuchar, pues
es en el silencio del corazón donde
Dios habla.

SILENCIO DEL CORAZÓN, NO SÓLO DE LA
boca: eso también es necesario. Sólo
entonces puedes escuchar a Dios en todas
partes: al cerrar la puerta, en la persona
que te necesita, en las aves que cantan, en
las flores, en los animales. En ese silencio
que es asombro y alabanza.

L OS MEDITABUNDOS Y LOS ASCETAS DE
todas edades y religiones han buscado
a Dios en el silencio y en la solitud del
desierto, del bosque y de la montaña.

N OSOTROS TAMBIÉN ESTAMOS LLAMADOS
a apartarnos cada determinado
tiempo a un silencio y a una soledad más
profunda con Dios, juntos como una
comunidad, así como de manera personal.
Para estar solos con él, no con nuestros
libros, con nuestros pensamientos y
recuerdos, sino completamente despojados
de todo, para habitar amorosamente en
su presencia: silentes, vacíos, expectantes
e inmóviles.

Escucha en el silencio, porque si tu corazón está lleno de otras cosas no puedes escuchar la voz de Dios. Pero cuando has escuchado la voz de Dios en la quietud de tu corazón, entonces tu corazón está lleno de Dios. Esto requerirá mucho sacrificio, pero si realmente tenemos la intención de orar y queremos orar, debemos estar listos para hacerlo en este momento.

PARA FOMENTAR Y MANTENER UNA atmósfera devota de silencio exterior, debemos:

Respetar ciertos momentos y lugares de un silencio más estricto.
Mantenernos activos y trabajar devotamente, en silencio y con amabilidad.
Evitar a toda costa toda habla y observación innecesaria.
Hablar, cuando tenemos que hacerlo, de manera suave, dulce, diciendo únicamente lo necesario.
Anhelar el silencio profundo como un momento santo y precioso, como un retiro hacia el silencio vivo de Dios.

NECESITAMOS EL SILENCIO PARA ESTAR A
solas con Dios, para hablar con
Él, para escucharle, para meditar en
sus palabras en lo profundo de nuestro
corazón. Necesitamos estar a solas con
Dios en silencio para ser renovados y
transformados. El silencio nos da una
nueva visión de la vida. En él somos
llenados con la gracia de Dios mismo, lo
cual hace que hagamos todo con alegría.

SI SOMOS METICULOSOS CON EL SILENCIO
será fácil orar. Existe demasiada plática,
demasiada repetición, demasiadas historias
en palabras y por escrito. Nuestra vida
de oración sufre mucho porque nuestro
corazón no está en silencio.

MIRÁNDOTE A LOS OJOS PUEDO SABER SI hay paz en tu corazón, o no.

Vemos a personas radiantes de alegría, y en sus ojos se puede ver la pureza. Si quieres que tu mente tenga silencio, mantén el silencio de los ojos. Usa tus dos ojos para ayudarte a orar mejor.

EL HOMBRE NECESITA EL SILENCIO.

Estar solo o en compañía buscando a Dios en el silencio.

Ahí es donde acumulamos el poder interno que distribuimos en la acción, invertimos en la tarea más pequeña y gastamos en las dificultades que nos acontecen.

El silencio precedió a la creación, y los cielos se extendieron sin una sola palabra.

EL SILENCIO INTERIOR ES MUY DIFÍCIL
pero debemos hacer el esfuerzo. En el
silencio encontramos una nueva energía
y la verdadera unidad. La energía de Dios
nos será dada para hacer todo bien.

ESTOS SON SÓLO LOS PRIMEROS PASOS
hacia la oración, pero si nunca damos
el primer paso con determinación, no
alcanzaremos el último: la presencia
de Dios.

SI DESEAS SINCERAMENTE APRENDER A
orar, mantente en silencio.

3
COMO UN NIÑO PEQUEÑO

M I SECRETO ES MUY SIMPLE: ORO.

L A ORACIÓN ES SIMPLEMENTE HABLAR
con Dios.

Él nos habla, nosotros escuchamos.
Nosotros le hablamos, Él escucha.
Un proceso de doble vía: hablar y escuchar.
Eso es en realidad la oración.
Ambas partes escuchan y ambas
partes hablan.

COMIENZA Y TERMINA EL DÍA CON LA oración.

Ve a Dios como lo hace un niño. Si ves que se te dificulta orar puedes decir: "ven espíritu santo, guíame, protégeme, limpia mi mente para que pueda yo orar."

Dondequiera que se encuentren, las Misioneras de la Caridad comienzan la labor del día con la misma oración de su libro de oraciones comunitarias:

Señor mío, el Gran Sanador, me arrodillo delante de ti, pues todo regalo perfecto debe venir de ti. Oro para que des habilidad a mis manos, una visión clara a mi mente, amabilidad y mansedumbre a mi corazón. Dame un propósito definido, fuerza para llevar una parte de la carga del sufrimiento de mis hermanos, y la comprensión del privilegio que tengo. Toma de mi corazón toda malicia y mundanidad, para que con la sencilla fe de un niño, pueda confiar en ti.

Amén.

¿**C**ÓMO ORAS? DEBES IR ANTE DIOS COMO un niño pequeño. Un niño no tiene dificultad para expresar lo que hay en su pensamiento en palabras simples que dicen mucho.

Si un niño aún no está malcriado y no ha aprendido a decir mentiras, dirá todo. Eso significa ser como un niño.

¿CÓMO APRENDEMOS A ORAR?

Orando. Es muy difícil orar si no se sabe cómo hacerlo. Debemos ayudarnos a aprender. Ora con absoluta confianza en el amoroso cuidado que Dios tiene hacia ti y déjalo que te llene con alegría para que puedas predicar sin predicar.

PUEDES ORAR EN CUALQUIER MOMENTO, en cualquier lugar.

No tienes que estar en una capilla o en una iglesia.

A MA ORAR: SIENTE LA NECESIDAD DE orar con frecuencia durante el día y tómate la molestia de orar. Si quieres orar mejor, debes orar más.

E NTRE MÁS ORES, MÁS FÁCIL SE VOLVERÁ. Entre más fácil se vuelva, más orarás.

Puedes orar mientras trabajas.

El trabajo no detiene la oración y la oración no detiene el trabajo. Sólo requiere elevar ligeramente la mente a Dios:

"Te amo, señor. Confío en ti. Creo en ti. Te necesito en este momento." Cosas pequeñas como eso. Esas son oraciones maravillosas.

CON FRECUENCIA, BAJO EL PRETEXTO DE la humildad, de la confianza, del abandono, se nos puede olvidar utilizar la fuerza de nuestra voluntad. Todo depende de estas palabras: "Lo haré" o "No lo haré". Y en la expresión "Lo haré" debo poner toda mi energía.

DEBEMOS CONOCER EL SIGNIFICADO DE las oraciones que decimos y sentir la dulzura de cada palabra para hacer de estas oraciones algo provechoso: algunas veces debemos meditar en ellas y durante el día, con frecuencia, hallar descanso en ellas.

PUEDES DECIR "DIOS MÍO, TE AMO."
"Dios mío, lo siento". "Dios mío, creo
en ti." "Ayúdanos a amarnos unos a los
otros tal y como tú nos amas."

PUEDES ORAR POR LAS LABORES DE OTROS
y ayudarles. Por ejemplo, en nuestra
comunidad existen ayudantes auxiliares
que ofrecen sus oraciones por alguna
hermana que necesita la fuerza para llevar
a cabo su activa labor. Y también tenemos a
los hermanos y hermanas contemplativos,
quienes oran por nosotros todo el tiempo.

"TENGO AL SEÑOR SIEMPRE DELANTE DE mis ojos, porque él siempre está a mi diestra para que no me caiga", dice el Salmista. Dios está dentro de mí con una presencia más íntima que aquella con la cual yo estoy conmigo: en Él vivimos y nos movemos y existimos. Es Él quien nos da la vida a todos, quien da la fuerza y existencia a todo cuanto vive. Pero para tener esa presencia sustentadora, todo debe dejar de existir y regresar a la nada.

TOMA EN CUENTA QUE ESTÁS EN DIOS, rodeado y abrazado por Dios, nadando en Dios.

N ECESITAMOS AYUDARNOS UNOS A OTROS en nuestras oraciones. Liberemos nuestra mente. No hagamos largas e interminables oraciones, sino oraciones cortas llenas de amor. Oremos en nombre de aquellos que no oran. Recordemos, ¡si queremos poder amar, debemos poder orar!

SON YA SETECIENTOS CINCUENTA AÑOS desde que San Francisco de Asís compuso la siguiente oración para él y para quienes él enseñaba a amar a Dios:

Señor, hazme un instrumento de tu paz.
Donde haya odio, yo siembre amor.
Donde haya injuria, yo siembre perdón.
Donde haya fricción, yo siembre unión.
Donde haya error, yo siembre verdad.
Donde haya duda, yo siembre fe.
Donde haya desesperación, yo siembre esperanza.
Donde haya oscuridad, yo siembre luz.
Donde haya tristeza, yo siembre alegría.
Oh, divino maestro, concédeme que yo no busque tanto
ser consolado, como consolar,
ser comprendido, como comprender,
ser amado, como amar,

pues es al dar como recibimos,
es perdonando como somos perdonados,
y es muriendo que nacemos a la
vida eterna.

NOS ESFORZAMOS MUCHO POR ORAR apropiadamente y luego fracasamos. Nos desanimamos y abandonamos la oración. Dios permite el fracaso pero no acepta el desánimo. Quiere que seamos más como niños, más humildes, más agradecidos en nuestras oraciones.

TRATA DE HABLAR DIRECTAMENTE CON
Dios. Simplemente habla. Cuéntale
todo, habla con Él. Él es nuestro padre,
es el padre de todos, sea cual sea nuestra
religión. Debemos poner nuestra confianza
en él y amarlo, creer en él, trabajar para él.
Y si oramos, obtendremos las respuestas
que necesitamos.

PERMITE QUE DIOS TE USE SIN
consultarte primero: "Tú, señor, sólo
Tú, todo Tú: úsame."

UNA DE MIS CANCIONES DEVOCIONALES
preferidas se llama Sólo una sombra.
La letra va más o menos así.

El amor que siento por ti, señor mío
es sólo una sombra de tu amor por mí,
de tu amor profundo y permanente.
Mi creencia en ti, señor mío
es sólo una sombra de tu fe en mí,
de tu profunda y confiada fe.
Mi vida está en tus manos.
Mi amor por ti crecerá, señor mío.
Tu luz en mí brillará.
El sueño que tengo hoy, señor mío,
es sólo una sombra de lo que sueñas
para mí,
si tan solo te sigo.
La alegría que siento hoy, señor mío,
es sólo una sombra de tus alegrías
guardadas para mí;

sólo una sombra de todo lo que habrá
cuando estemos frente a frente.

EXISTEN ALGUNAS PERSONAS QUE, PARA no tener que orar, usan como pretexto el hecho de que la vida es tan agitada que les impide orar.

Esto no puede ser.

La oración no exige que interrumpamos nuestro trabajo, sino que sigamos trabajando como si fuera una oración.

No es necesario estar siempre meditando, ni tampoco experimentar conscientemente la sensación de que estamos hablando con Dios, sin importar lo agradable que esto pudiera resultar. Lo que importa es estar con Él, vivir en Él, en su voluntad.

Dios mismo es pureza; nada impuro puede estar delante de Él, pero no creo que Dios pueda odiar, porque Dios es amor y Dios nos ama a pesar de nuestra miseria.

Dios ama porque es amor, pero la impureza constituye un obstáculo para ver a Dios.

NUESTRA ALMA DEBERÍA SER COMO UN cristal transparente a través del cual Dios pueda ser percibido.

NUESTRO CRISTAL ALGUNAS VECES ESTÁ cubierto por polvo y suciedad. Para quitar este polvo debemos examinar nuestra conciencia de modo que logremos un corazón limpio. Dios nos ayudará a eliminar ese polvo, siempre que se lo permitamos: si esa es nuestra voluntad, su voluntad se manifiesta.

E NTRE MÁS NOS VACIEMOS, MÁS ESPACIO
damos a Dios para que nos llene.

C UANDO NO TENGAMOS NADA QUE DAR,
démosle a Él esa nada.

LAS RIQUEZAS, MATERIALES O espirituales, pueden sofocarte si no las utilizas de la forma correcta. Permanece tan "vacío" como te sea posible, para que Dios pueda llenarte.

NI SIQUIERA DIOS PUEDE PONER ALGO EN lo que ya está lleno. No se impone a nosotros.

E N REALIDAD NO ES TANTO CUESTIÓN DE cuánto tenemos, sino qué tan vacíos estamos, de modo que podamos recibir plenamente en nuestra vida. Quita los ojos de ti y alégrate de no tener nada —de que no eres nada— de que no puedes hacer nada.

Tenemos que orar en nombre de quienes no oran.

Debemos ser profesionales de la oración.

AMA ORAR. SIENTE CON FRECUENCIA durante el día la necesidad de orar y tómate la molestia de orar. Dios siempre está hablándonos. Escúchale.

EL ESPARCIMIENTO ES UNA FORMA DE orar mejor. La relajación sacude las telarañas de la mente.

CUANDO ORES, DA GRACIAS A DIOS POR todos sus regalos, porque todo es de él y un regalo de él.

TU ALMA ES UN REGALO DE DIOS.

SI NO HACEMOS EL MAYOR ESFUERZO DEL que somos capaces, no podemos sentirnos desalentados por nuestros fracasos. Tampoco podemos reclamar nuestros éxitos. Debemos dar a Dios todo el crédito y ser extremadamente sinceros cuando lo hacemos.

SÉ SINCERO EN TUS ORACIONES.

¿Oras tus oraciones?
¿Sabes cómo orar?
¿Amas orar?

La sinceridad no es nada, sino la humildad, y adquieres humildad sólo cuando aceptas las humillaciones.

TODO CUANTO SE HA DICHO ACERCA DE la humildad no es suficiente para enseñarte la humildad. Todo lo que has leído sobre la humildad no es suficiente para enseñarte la humildad. Aprendes la humildad sólo aceptando las humillaciones. Y te enfrentarás a las humillaciones a lo largo de toda tu vida.

LA MÁS GRANDE HUMILLACIÓN CONSISTE en saber que no eres nada. Llegas a saber esto cuando te encuentras con Dios en la oración. Cuando estás cara a cara con Dios, no puedes sino saber que no eres nada, que no tienes nada.

SI REALMENTE PERTENECEMOS
plenamente a Dios, entonces debemos
estar a su disposición y confiar en él. Jamás
debemos preocuparnos por el futuro. No
hay razón para ello. Dios está ahí.

EL AYER YA SE FUE. EL MAÑANA AÚN NO
llega. Sólo tenemos el hoy.

Comencemos.

No busques a Dios en tierras lejanas. No está ahí. Está cerca de ti. Está contigo. Simplemente mantén la lámpara ardiendo y siempre le verás. Mantente vigilante y ora. Mantén encendida la lámpara y verás su amor y cuán dulce es el Señor al que amas.

Hoy, más que nunca, necesitamos orar por la luz, por conocer la voluntad de Dios, por el amor para aceptar la voluntad de Dios, por la forma de hacer la voluntad de Dios.

ORA CON AMOR, COMO LOS NIÑOS, CON
un deseo ardiente de amar mucho
y hacer que el amor que no es amado, se
sienta amado.

Demos gracias a Dios por todo el amor
que nos tiene, que nos da de tantas formas
y en tantos lugares.

QUE DIOS NOS ABRA EL PASO HACIA caminos que nos lleven más allá de nosotros mismos.

LA ORACIÓN, PARA QUE SEA FRUCTÍFERA, debe proceder del corazón y debe poder tocar el corazón de Dios.

4

ABRE TU CORAZÓN

ABRE TU CORAZÓN AL AMOR QUE DIOS TE dará. Él te ama con ternura, y te lo dará, no para que lo guardes, sino para que lo compartas.

NUESTRAS ORACIONES DEBERÍAN SER palabras ardientes que salen del fogón de nuestro corazón lleno de amor. En tus oraciones habla a Dios con gran reverencia y confianza.

No te quedes atrás ni te adelantes; no grites ni te quedes callado, sino, devotamente, con gran dulzura, con natural simpleza, sin ningún artificio, ofrece tu alabanza a Dios con todo tu corazón y con toda tu alma.

Todos los días deberíamos renovar nuestra determinación y despertar al fervor como si se tratara del primer día de nuestra conversión, diciendo, "ayúdame, señor mío, en mi determinación y para tu santo servicio, y dame la gracia este día para real y verdaderamente comenzar, pues lo que he hecho hasta ahora no es nada."

A LA ORACIÓN QUE PROCEDE DE LA MENTE
y del corazón y que no podemos leer
en libros se llama oración mental. En la
oración pronunciada hablamos a Dios; en
la oración mental Él nos habla a nosotros.
Es entonces que Dios se nos revela.

LA ORACIÓN MENTAL SE ALIMENTA grandemente a través de la simplicidad: esto es, olvidarse del ser trascendiendo el cuerpo y nuestros sentidos, y por medio de las frecuentes aspiraciones que avivan nuestra oración. "En la oración mental", dice San Juan Vianney, "cierras los ojos, cierras la boca y abres tu corazón."

LA ORACIÓN AGRANDA EL CORAZÓN HASTA el punto de ser capaz de contener el regalo de Dios de sí mismo. Pide y busca, y tu corazón crecerá hasta ser lo suficientemente grande para recibirle y guardarle como tuyo.

OFRECE A DIOS CADA PALABRA QUE pronuncies, cada movimiento que hagas. Debemos enamorarnos cada vez más y más de Dios.

NECESITAMOS LAS ORACIONES PARA
poder llevar a cabo de mejor manera
la obra de Dios, y para que en todo
momento podamos saber cómo estar
completamente disponibles para él.

Debemos hacer todos los esfuerzos por
caminar en la presencia de Dios, por ver a
Dios en todas las personas con las que nos
encontramos, por vivir nuestra oración a lo
largo del día.

DEBEMOS ORAR CON PERSEVERANCIA Y
con gran amor.

EL AMOR ES UN FRUTO DE LA TEMPORADA en todo momento y al alcance de toda mano. Cualquiera puede tomarlo y no hay un límite. Todos pueden estar en contacto con su amor a través de la meditación, del espíritu de la oración y del sacrificio, por medio de una vida interna intensa.

¿Realmente vivimos esa vida?

AMAR DEBERÍA SER TAN NORMAL PARA nosotros como vivir y respirar, todos los días, hasta nuestra muerte.

¿SOY UNA LUZ OSCURA? ¿UNA FALSA LUZ? ¿Un foco sin conexión, que, por tanto, no emite radiación alguna?

Pon tu corazón a ser una luz brillante.

No es lo que hacemos o cuánto hacemos, sino cuánto amor ponemos en acción porque esa acción es nuestro amor por Dios en acción.

DIOS HABLA EN EL SILENCIO DE NUESTRO corazón y nosotros escuchamos. Y entonces hablamos a Dios desde la plenitud de nuestro corazón, y Dios escucha.

AÚN CUANDO PEQUEMOS O COMETAMOS un error, permitamos que eso nos ayude a estar más cerca de Dios. Digámosle humildemente, "sé que no debí haber hecho esto, pero aún esta falla te la ofrezco."

Nuestras palabras son inútiles a menos que procedan de lo profundo de nuestro corazón.

Entrégate por completo a Dios. Él te usará para lograr grandes cosas con la condición de que creas mucho más en su amor que en tus debilidades.

¿ESTÁ MI CORAZÓN TAN LIMPIO QUE puedo ver el rostro de Dios en mi hermano, en mi hermana, en ese negro, ese blanco, esa persona desnuda, ese que sufre de lepra, ese moribundo?

Por esto es por lo que debemos orar.

DIOS MORA EN NOSOTROS. ESO ES LO QUE le da un poder maravilloso. No importa dónde te encuentres siempre que tengas un corazón limpio. La limpieza de corazón significa apertura, esa libertad absoluta, ese desapego que te permite amar a Dios sin estorbos, sin obstáculos.

ODAS LAS NOCHES, ANTES DE IRTE A LA
cama debes hacer un examen de
conciencia (¡porque no sabes si estarás
vivo a la mañana siguiente!). Cualquier
cosa que te moleste, o cualquier daño
que hayas hecho, necesitas repararlo. Por
ejemplo, si robaste algo, entonces trata
de regresarlo.

SI LASTIMASTE A ALGUIEN TRATA DE
reconciliarte con esa persona; hazlo
directamente. Si no puedes hacerlo de
esa forma, al menos reconcíliate con
Dios diciendo: "Lo siento mucho". Esto
es importante porque así como tenemos
actos de amor, también debemos tener actos
de contrición. Podrías decir, "Señor, siento
mucho haberte ofendido y te prometo que
trataré de no ofenderte más."

SE SIENTE BIEN ESTAR LIBRE DE CARGAS, tener un corazón limpio. Recuerda que Dios es misericordioso. Es el padre misericordioso de todos. Somos sus hijos y Él perdonará y olvidará si nosotros recordamos hacer lo mismo.

EXAMINA TU CORAZÓN PRIMERO PARA VER si hay falta de perdón hacia otros en tu interior, porque ¿cómo podemos pedir perdón a Dios si no podemos perdonar a otros?

LAS PERSONAS ME PREGUNTAN QUÉ consejo puedo darle a un matrimonio que tiene dificultades en su relación. Siempre respondo: "Oren y perdonen". Y a los jóvenes que vienen de hogares violentos: "Oren y perdonen". Y a la madre soltera que no tiene apoyo de su familia: "Ora y perdona".

RECUERDA, SI VERDADERAMENTE TE arrepientes, si lo haces sinceramente, con un corazón limpio, serás absuelto a los ojos de Dios. Él te perdonará si te confiesas con honestidad. Así que ora para ser capaz de perdonar a quienes te han lastimado o a quienes no te agradan, y perdona tal y como has sido perdonado.

L A ORACIÓN ES UNA ALEGRÍA.

La oración es el rayo de luz del amor
de Dios. La oración es esperanza en la
felicidad eterna. La oración es la llama
ardiente del amor de Dios por ti y por mí.
Oremos los unos por los otros, pues esa
es la mejor forma de amarnos los unos a
los otros.

S É HOY EL RAYO DE LUZ DEL AMOR DE
Dios.

DIOS SIGUE SIENDO AMOR. ÉL SIGUE amando al mundo. Hoy Dios ama tanto al mundo que nos encomienda a ti y a mí amar al mundo, ser su amor y compasión.

PUEDES ESTAR EXHAUSTO POR EL TRABAJO, puedes incluso matarte trabajando, pero a menos que tu trabajo esté entretejido con el amor, es inútil.

DEBEMOS LLENAR NUESTRO CORAZÓN con un amor grande. Imagina ese amor, el cual, al ser verdadero y ardiente, debe ser extraordinario.

DIOS NOS AMA A TODOS CON UN AMOR
muy tierno y personal. Su anhelo por
mí es aún más entrañable que mi deseo
por él.

NO HAY LÍMITES PARA EL AMOR DE DIOS.
Es ilimitado y su profundidad no
puede ser sondeada.

LA MEJOR MANERA DE MOSTRAR TU gratitud a Dios y a las personas consiste en aceptar todo con alegría. Un corazón alegre es el resultado normal de un corazón ardiendo de amor.

ES MUY FÁCIL SER ORGULLOSO, SEVERO, malhumorado y egoísta, pero hemos sido creados para cosas más grandes. ¿Por qué rebajarnos a cosas que arruinan la belleza de nuestro corazón?

En el silencio del corazón, dios habla.

¿Qué nos dice Dios? Dice: "Te he llamado por tu nombre. Eres mío. Las aguas no te hundirán, el fuego no te quemará, dejaré naciones por ti. Eres precioso para mí, te amo. Aún si una madre olvidara a su hijo, yo no te olvidaré. Te llevo grabado en la palma de mi mano."

No PODEMOS HABLAR A MENOS QUE hayamos escuchado, a menos que hayamos hecho nuestra conexión con Dios. Desde la plenitud del corazón, la boca hablará, y la mente pensará.

Sólo una vez deja que el amor de Dios posea completa y absolutamente tu corazón.

Que para tu corazón sea como una segunda piel.

Que tu corazón no permita que entre nada opuesto.

Que se dé a la tarea de incrementar continuamente este amor por Dios buscando agradarle en todas las cosas y no negándole nada.

Que acepte todo lo que le ocurra como si procediera de su mano.

Que tenga una determinación firme de jamás cometer ninguna falta deliberada

y conscientemente; o, si falla, que sea
humilde y se ponga en pie al instante, una
vez más.

Tal corazón orará continuamente.

5
TERMINA CON EL SILENCIO

Las almas que oran son almas de gran silencio.

El silencio es el hermoso fruto de la oración. Debemos aprender no sólo el silencio de la boca, sino también el silencio del corazón, de los ojos, de los oídos y de la mente, a lo que yo llamo los cinco silencios.

Dios es amigo del silencio.

Mira cómo la naturaleza —los árboles,
las flores, la hierba— crece en silencio.
Observa las estrellas, el sol y la luna, cómo
se mueven en silencio.

En ese silencio Él nos escucha. Ahí
hablará a nuestra alma, y ahí
escucharemos su voz.

EL FRUTO DEL SILENCIO ES LA FE.
El fruto de la fe es la oración.
El fruto de la oración es el amor.
El fruto del amor es el servicio.
Y el fruto del servicio es el silencio.

EN EL SILENCIO DEL CORAZÓN DIOS
habla. Si te encuentras con Dios en la
oración y en el silencio, Dios te hablará.
Entonces sabrás que no eres nada. Sólo
cuando te das cuenta de que no eres nada,
de tu vacuidad, Dios puede llenarte con
su presencia.

EL SILENCIO NOS BRINDA UNA NUEVA forma de verlo todo. Necesitamos ese silencio para tocar a las almas.

DIOS ES AMIGO DEL SILENCIO. SU IDIOMA es el silencio. "Tranquilo y sabe que yo soy Dios."

6
EL FRUTO DE LA ORACIÓN

E NTRE MÁS RECIBIMOS EN ORACIÓN silenciosa, más podemos dar en nuestra vida activa.

L O ESENCIAL NO ES LO QUE DECIMOS, SINO lo que Dios nos dice a nosotros y a través de nosotros.

Todas nuestras palabras serán inútiles a menos que procedan del interior.

TÚ PUEDES HACER LO QUE YO NO PUEDO hacer. Yo puedo hacer lo que tú no puedes hacer. Juntos podemos hacer algo bello para Dios.

Dios no me exige que sea exitosa.
Dios me exige que sea fiel.

Cuando estás con Dios, los resultados no
son importantes. La fidelidad es lo que
importa.

No nos esforzamos por llevar a cabo acciones espectaculares. Lo que cuenta es el regalo de ti mismo, el grado de amor que pones en cada uno de tus actos.

No podemos hacer grandes cosas; sólo cosas pequeñas con un gran amor.

EL FRUTO DE LA ORACIÓN ES UNA FE MÁS profunda.

SÉ FIEL EN LAS COSAS PEQUEÑAS PORQUE ES en ellas donde yace tu fortaleza.

L A ORACIÓN ALIMENTA EL ALMA —COMO la sangre es al cuerpo, así es la oración al alma— y te acerca más a Dios.

C UANDO TE LLENAS POR COMPLETO DE Dios, haces todo tu trabajo bien, con todo tu corazón. Y cuando estás lleno de Dios, haces todo bien. Sólo puedes hacerlo si oras, si sabes cómo orar, si amas orar, y si oras bien.

ENTRE MÁS VUELTAS DOY, MEJOR
entiendo cuán necesario es hacer de
nuestro trabajo una oración, convertir
el trabajo en nuestro amor por Dios
en acción.

DIOS PUEDE PERMITIR QUE TODO SE
voltee de cabeza en las manos de una
persona muy capaz y talentosa. A menos
que el trabajo esté entretejido con el amor,
y éste sea útil.

EL AMOR NO ES ALGO QUE SE FOSILICE, sino algo que vive. Las obras de amor y el amor expresado, son el camino hacia la paz. ¿Y dónde comienza ese amor? Justo en nuestro corazón. Debemos saber que fuimos creados para cosas más grandes, no sólo para ser un número en el mundo, no sólo para obtener diplomas y títulos, en éste y aquél trabajo.

Hemos sido creados para amar y ser amados.

SI NOS OLVIDAMOS DE LA ORACIÓN Y SI LA
rama no está conectada con la vid,
morirá. Esa conexión de la rama con la
vid es la oración. Si esa conexión existe,
el amor está ahí, y la alegría está ahí, y
nosotros seremos el rayo de luz del amor
de Dios, la esperanza de la felicidad eterna,
la llama del amor ardiente.

ESTA ES LA VERDADERA RAZÓN DE nuestra existencia: ser el rayo de luz del amor de Dios, ser la esperanza de la felicidad eterna. Eso es todo.

EL FRUTO DE LA ORACIÓN ES UN CORAZÓN limpio, y un corazón limpio tiene la libertad de amar.

CUANDO TIENES UN CORAZÓN LIMPIO significa que estás abierto y eres honesto con Dios, y no le ocultas nada, y esto le permite tomar de ti lo que Él quiera.

L A ENERGÍA DE DIOS ESTARÁ CON nosotros para que hagamos todo bien. Y así ocurrirá con la unión de nuestros pensamientos con sus pensamientos, la unión de nuestras oraciones con sus oraciones, la unión de nuestras acciones con sus acciones, de nuestra vida con su vida. La unidad es el fruto de la oración, de la humildad, del amor.

E L VALOR DE NUESTRAS ACCIONES SE corresponde exactamente con el valor de las oraciones que decimos.

JAMÁS PIENSES QUE UNA ACCIÓN PEQUEÑA a favor de tu prójimo tiene poco valor. A Dios no le complace cuánto hacemos, sino cuánto amor ponemos al hacer las cosas.

Asegúrate de conocer a tu prójimo, pues ese conocimiento te llevará a un gran amor, y el amor, al servicio personal.

CON GRAN IMPACIENCIA ESPERAMOS EL paraíso de Dios, pero tenemos en nuestras manos el poder de estar en el paraíso aquí y ahora. Estar felices con Dios significa esto:

Amar como Él ama,
Ayudar como Él ayuda,
Dar como Él da,
Servir como Él sirve.

EL AMOR ACEPTA TODO Y DA TODO. EL amor debería ser tan natural como vivir y respirar.

E N EL SILENCIO DEL CORAZÓN DIOS
habla, y tú tienes que escuchar. Luego,
en la plenitud de tu corazón, como está
lleno de Dios, lleno de amor, lleno de
compasión, lleno de fe, tu boca hablará.

PUEDES ESTAR ESCRIBIENDO, Y LA totalidad de tu corazón se manifestará en tu mano también. Tu corazón puede hablar a través de la escritura. Tu corazón también puede hablar a través de tus ojos. Cuando ves a las personas, ellas deben poder ver a Dios en tus ojos. Si te vuelves distraído y mundano, entonces ellos no podrán ver a Dios de esa forma. La totalidad del corazón se expresa en nuestros ojos, en nuestra forma de tocar, en lo que escribimos, en lo que decimos, en la forma como caminamos, en la forma como recibimos, en la forma como necesitamos. Esa es la plenitud de nuestro corazón expresándose de muchas formas diferentes.

No vagamos, pero sí cultivamos el espíritu vagabundo del abandono. No tenemos nada con qué vivir, y, sin embargo, vivimos de manera espléndida; no tenemos nada sobre qué caminar; sin embargo, caminamos sin miedo; nada en lo cual apoyarnos, sin embargo, nos apoyamos en Dios con confianza, pues somos suyos y él es nuestro padre providente.

No estamos llamados a ser exitosos, sino a ser fieles.

TENEMOS MUCHOS VISITANTES TODOS LOS días en nuestra Casa Madre en Calcuta. Cuando los saludo, a cada uno le doy mi "tarjeta de negocios". En ella está escrito: El fruto de la oración es la fe; el fruto de la fe es el amor; el fruto del amor es el servicio; el fruto del servicio es la paz.

¡Ese es un muy buen "negocio"!

EN NUESTRO HOGAR PARA MORIBUNDOS en Kalighat, un visitante se preguntaba por la paz que se percibía por todas partes. Dije simplemente: "Dios está aquí. Las castas y los credos no significan nada. No importa si no comparten mis creencias."

Nosotros sentimos que lo que hacemos es sólo una gota en el océano. Pero si esa gota no estuviera ahí, pienso que el océano sería más pequeño por esa gota que falta. No tenemos que pensar en términos de números.

Sólo podemos amar a una persona al mismo tiempo, servir a una persona al mismo tiempo.

EL FRUTO
DE LA ORACIÓN

ONDEQUIERA QUE DIOS TE HAYA
puesto, esa es tu vocación. No es lo
que hacemos, sino cuánto amor ponemos
en lo que hacemos.

IJE AL ELENCO DE UN ESPECTÁCULO
musical en Calcuta: "su trabajo y el
nuestro se complementan. Lo que hacemos
es necesario para el mundo como nunca
antes. Ustedes les dan alegría a través de su
actuación y nosotros hacemos lo mismo
por medio del servicio. Y es la misma
acción si se trata de cantar y bailar, que
limpiar y tallar. Están llenando el mundo
con el amor que Dios les ha dado."

LA ALEGRÍA SE MUESTRA EN LOS OJOS,
aparece cuando hablamos y
caminamos. No puede mantenerse oculta
en nuestro interior. Reacciona en el
exterior. Cuando las personas encuentran
en tus ojos esa felicidad habitual,
entienden que son los amados hijos
de Dios.

HABLAMOS DE LA ALEGRÍA QUE VIENE DE la unión con Dios, de vivir en su presencia, porque vivir en su presencia nos llena de alegría.

Cuando hablo de la alegría, no la identifico con la risa o con el ruido. Esa no es la verdadera felicidad. Algunas veces oculta otras cosas.

Cuando hablo de felicidad me refiero a una paz interna y profunda que se muestra en nuestros ojos, en nuestro rostro, en nuestra actitud, en nuestros gestos, en nuestra iniciativa.

ESTO ES LO QUE VEO QUE OCURRE: personas que vienen a conocerse unas a otras por su necesidad de Dios. Lo maravilloso de esto es que hay una atmósfera religiosa; todos hablan de Dios.

Esta es una gran experiencia para mí. Siento que reunir a todas estas personas para hablar de Dios realmente es maravilloso. Una nueva esperanza para el mundo.

HAY UNA FUERZA TREMENDA QUE ESTÁ creciendo en el mundo por medio de esta convivencia continua, de orar juntos, de sufrir juntos y trabajar juntos.

NO HACEMOS NADA. ÉL HACE TODO. Toda la gloria debe regresar a Él.

Dios no me llamó a ser exitosa. Me llamó a ser fiel.

UN DÍA EN CALCUTA VINO UN HOMBRE
con una receta médica y me dijo:
"mi único hijo se está muriendo y sólo
puedo conseguir esta medicina fuera de
la India." Justo en ese momento, mientras
aún hablábamos, un hombre vino con una
canasta llena de medicinas. Hasta arriba se
encontraba ese medicamento.

Si hubiera estado abajo, no la hubiera
visto. Si el hombre hubiera venido antes,
o si lo hubiera hecho después, yo no la
habría visto. Pero justo en ese momento,
entre millones y millones de niños en
el mundo, Dios, en su ternura, estaba lo
suficientemente preocupado por este
pequeño niño de los barrios bajos de
Calcuta como para enviar, precisamente en
ese instante, la cantidad de medicina para
salvar a ese pequeño.

Alabo la ternura y el amor de Dios, porque ese pequeñito, en una familia pobre o en una familia rica, es un hijo de Dios, creado por el Creador de todas las cosas.

DEMOS GRACIAS A DIOS POR TODO EL amor que nos tiene, y que nos da de tantas formas y en tantos lugares.

A cambio, como un acto de gratitud y adoración, decídete a amarlo.

LA SANTIDAD NO ES UN LUJO PARA POCOS; no es sólo para algunas personas. Está destinada para ti y para mí, para todos. Es un deber sencillo, porque si aprendemos a amar, aprendemos a ser santos.

TODOS TENEMOS MUCHO PARA DAR, PARA compartir, para contribuir dondequiera que estemos viviendo.

La santidad comienza en el hogar, amando a Dios y a quienes nos rodean por su gracia.

L A ENTREGA TOTAL A DIOS DEBE VENIR EN
pequeños detalles así como en grandes
detalles. Se trata de esa palabra. "Sí, acepto
lo que me des, y te doy lo que Tú quieras
tomar." Y esta es sólo una forma sencilla de
ser santos.

N O DEBEMOS CREAR DIFICULTADES EN
nuestra mente. Ser santos no
significa hacer cosas extraordinarias,
entender grandes cosas, sino que se trata
de una aceptación sencilla, porque me he
entregado a Dios, pues yo le pertenezco a
Él: es mi entrega total. Él podría ponerme
aquí, podría ponerme allá. Puede usarme.
Puede no usarme. No importa, porque le
pertenezco de forma tan plena que puede
hacer conmigo lo que quiera.

ASEGÚRATE DE DEJAR QUE LA GRACIA trabaje en tu alma aceptando cualquier cosa que Él te dé, y dándole cualquier cosa que Él te quite. La verdadera santidad consiste en hacer la voluntad de Dios con sólo una sonrisa.

NUESTRO PROGRESO EN LA SANTIDAD depende de Dios y de nosotros: de la gracia de Dios y de nuestra voluntad de ser santos. Debemos poseer una determinación viva de alcanzar la santidad.

No debemos intentar controlar las acciones de Dios. No debemos contar las etapas en el viaje que él quiere que hagamos. No debemos desear tener una percepción clara de nuestro avance a lo largo del camino, ni conocer de forma precisa dónde nos encontramos en el sendero a la santidad.

Vuélvete santo. Cada uno tiene la capacidad de volverse santo y el camino hacia la santidad es la oración.

TRATAMOS A TODAS LAS PERSONAS COMO hijos de Dios. Son nuestros hermanos y hermanas. Mostramos gran respeto por ellos. Nuestro trabajo consiste en alentar a estas personas, cristianos y no cristianos, para que hagan obras de amor. Cada obra de amor realizada con todo el corazón acerca a las personas a Dios.

TODO SER HUMANO PROCEDE DEL AMOR de Dios, y todos sabemos en qué consiste el amor de Dios por nosotros.

Dios tiene sus propios caminos y medios para trabajar en el corazón de los hombres y no sabemos cuán cerca están de él, pero por sus acciones siempre sabremos si están a su disposición o no. Seas hindú, musulmán o cristiano, cómo vives tu vida es la prueba de que le perteneces por completo, o no.

AMAR DEBE SER TAN NORMAL PARA
nosotros como vivir y respirar,
día tras día, hasta nuestra muerte. Para
comprender esto y practicarlo necesitamos
orar mucho, la clase de oración que nos
une con Dios y se derrama continuamente
sobre otros.

NUESTRAS OBRAS DE CARIDAD NO SON
nada, sino el amor de Dios que
derramamos desde nuestro interior. Por
tanto, quien está más unido a él es quien
más ama a su prójimo.

QUE NADIE SE GLORÍE EN SU ÉXITO, SINO
dé todo el crédito a Dios en la más
profunda gratitud; por otra parte, ningún
fracaso debería desalentar a nadie siempre
que haya hecho su mejor esfuerzo.
Dios sólo ve nuestro amor. Dios no nos
preguntará cuántos libros hemos leído,
cuántos milagros hemos obrado, si no
si hemos hecho lo mejor que podemos
por amor a él. ¿Hemos actuado bien?
¿Dormido bien? ¿Comido bien? Nada es
pequeño para Dios.

SOMOS TAN PEQUEÑOS QUE VEMOS LAS cosas de una manera pequeña. Pero Dios, siendo todopoderoso, lo ve todo grande. Aún si escribes una carta para un hombre ciego, o si simplemente vas y te sientas y escuchas, o procesas su correo, o visitas a alguien o le llevas una flor —cosas pequeñas— o lavas la ropa de alguien, o limpias la casa. En el trabajo humilde es donde tú y yo debemos estar, pues hay muchas personas que pueden hacer grandes cosas, pero hay muy pocas que harán las cosas pequeñas.

¡ES TAN HERMOSO QUE NOS complementemos unos a otros! Lo que estamos haciendo en los barrios bajos, quizá tú no lo podrías hacer. Lo que tú haces en el nivel donde eres requerido —en tu vida familiar, en tu vida escolar, en tu trabajo— nosotros no lo podemos hacer. Pero tú y yo juntos estamos haciendo algo hermoso para Dios.

CON FRECUENCIA VES CABLES DE electricidad grandes y pequeños, nuevos y viejos, caros y baratos. Por sí solos no tienen utilidad y mientras la corriente no pase por ellos, no hay luz. Los cables somos tú y yo. La corriente es Dios.

TENEMOS EL PODER DE HACER QUE LA corriente pase a través de nosotros y nos use para producir la luz del mundo, o podemos negarnos a ser usados y dejar que la oscuridad se propague.

SI HAS APRENDIDO A ORAR, ENTONCES NO temo por ti. Si sabes cómo orar, entonces amarás la oración, y si amas orar, entonces orarás. El conocimiento te llevará al amor, y el amor, al servicio.

ENTRE USTEDES PUEDEN COMPARTIR SUS experiencias de su necesidad de orar, y de cómo encontraron la oración, y cómo el fruto de la oración se ha manifestado en sus propias vidas.

EL FRUTO
DE LA ORACIÓN

Demos a conocer las buenas nuevas de que la oración es nuestra fortaleza.

TÍTULOS DE ESTA COLECCIÓN

Impreso en los talleres de
MUJICA IMPRESOR, S.A. de C.V.
Calle camelia No. 4, Col. El Manto,
Deleg. Iztapalapa, México, D.F.
Tel: 5686-3101.